# Wallenstein.

Friedrich Schiller

# Alpha Editions

This edition published in 2022

ISBN : 9789356781573

Design and Setting By
**Alpha Editions**

www.alphaedis.com
Email - info@alphaedis.com

# Contents

# Einleitung.

Länger noch als am Don Carlos arbeitete Schiller am Wallenstein. Mitten in der Ausarbeitung seiner Geschichte des Dreißigjährigen Krieges für den Damenkalender, schon im Mai 1792, regte sich die Lust, diesen Stoff dramatisch zu behandeln. Doch erst im März des Jahres 1794 begann er, damals mit seiner Familie in Stuttgart lebend, einen Plan auszuarbeiten, der jedoch nach seiner Rückkehr nach Jena liegen blieb und nach Verlauf von vollen zwei Jahren noch nicht zur Ausführung gediehen war. Am 22. Oktober 1796 begann er die Arbeit mit Eifer und widmete ihr bis zum 17. März 1799, die Unterbrechungen abgerechnet, volle zwanzig Monate.

Der Stoff war überaus spröde und hatte beinahe alles, was ihn von dramatischer und tragischer Behandlung ausschließen sollte, da es im Grunde eine Staatsaktion war, die in Rücksicht auf den poetischen Gebrauch alle jene Unarten besaß, die eine politische Handlung nur haben konnte: ein unsichtbares abstraktes Objekt, kleine und viele Mittel, zerstreute Handlungen, einen furchtsamen Schritt, eine für den Vorteil des Poeten viel zu kalte trockene Zweckmäßigkeit, ohne doch diese zur Vollendung und dadurch zu einer poetischen Größe zu treiben; denn am Ende mißlang der Entwurf Wallensteins nur durch Ungeschicklichkeit. Die Basis, auf die Wallenstein seine Unternehmungen gründete, war die Armee, mithin für den Dichter eine unendliche Fläche, die er nicht vor das Auge und nur mit Aufwand großer Kraft vor die Phantasie bringen konnte; er konnte also das Objekt, auf dem Wallenstein ruhte, nicht zeigen und ebensowenig das, wodurch er fiel: die Stimmung der Armee, den Hof, den Kaiser. Auch die Leidenschaften selbst, durch die er bewegt wurde, Rachsucht und Ehrbegierde, waren von der kältesten Gattung. Sein Charakter endlich war niemals edel und durfte es nie sein, und durchaus konnte er nur furchtbar, nie eigentlich groß erscheinen; um ihn nicht zu erdrücken, durfte ihm nichts Großes gegenüber gestellt werden; dadurch wurde der Dichter notwendig niedergehalten, dem somit fast alles abgeschnitten erschien, wodurch er dem Stoffe nach seiner gewohnten Art hätte beikommen können; von dem Inhalte hatte er fast nichts zu erwarten. Alles mußte durch eine glückliche Form bewerkstelligt werden, und nur durch eine kunstreiche Führung der Handlung war der Stoff zu einer schönen Tragödie zu erheben. Aber gerade ein solcher Stoff mußte es, wie Schiller selbst am lebhaftesten erkannte, sein, an dem er sein neues dramatisches Leben eröffnen und neue Haltung gewinnen konnte. Auch behandelte er sein Geschäft nun ganz anders, als er ehemals gepflegt hatte; es gelang ihm ganz gut, seinen Stoff außer sich zu halten und nur den Gegenstand zu geben; er hatte nie eine solche Kälte für diesen mit einer solchen Wärme für die Arbeit in sich vereinigt. Den

Hauptcharakter sowohl als die meisten Nebencharaktere behandelte er mit der reinen Liebe des Künstlers, und nur an Max und Thekla, die nächsten nach Wallenstein, fühlte er sich durch eigene Zuneigung gefesselt. Aber die Ausarbeitung der ihnen gewidmeten Szenen sparte er sich auf, bis er der übrigen Staatsaktion, von der sie sich ihrer frei menschlichen Natur nach völlig trennten, ja dem geschäftigen Wesen derselben dem Geiste nach entgegengesetzt erschienen, die ihm mögliche feste Gestalt gegeben. Was er dann am meisten zu fürchten hatte, war, daß das überwiegende menschliche Interesse dieser großen Episode an der schon feststehenden ausgeführten Handlung leicht etwas verrücken möchte, da, wie er meinte, ihrer Natur nach ihr die Herrschaft gebühre, und je mehr ihm die Ausführung derselben gelingen sollte, die übrige Handlung dabei desto mehr ins Gedränge zu kommen Gefahr lief. Denn es war ihm weit schwerer, ein Interesse für das Gefühl als für den Verstand aufzugeben. Er suchte nun sich aller Motive, die im ganzen Umkreise seines Stücks für diese Episode und in ihr selbst lagen, zu bemächtigen und so, wenn auch langsam, die rechte Stimmung in sich reifen zu lassen. Aus dieser Art der Arbeit, zwei grundverschiedene Richtungen, die Politik und die Liebe, in getrennten Charakteren zu verschiedenen Zeitpunkten zu behandeln und diese sich fast feindlichen Bestandteile zu einem einzigen Ganzen zu vereinigen, erklärt es sich, wie weder die eine noch die andere zur entschiedenen Herrschaft gelangen konnte und beide sich gegenseitig mehr zu verdrängen und auszuschließen, als mit vereinter Kraft eine reine Gesamtwirkung in der Seele des Beschauers hervorzubringen fähig erscheinen. Denen, die von der strengen Realistik der Staatsaktion, wie sie der Dichter nennt, verstandesmäßig befriedigt sind, wird die Gefühlswelt der großen Episode allzu idealistisch-körperlos erscheinen, denen, deren Herz, von der lyrischen Gewalt der Darstellung bezwungen, für Max und Thekla schlägt, wird das lebenswahre Abbild der Geschichte allenfalls trocken und nüchtern vorkommen, und nur wenigen Lesern und Hörern mochte der Einklang beider Welten, wie er in der Seele des Dichters sich gestaltet hatte, wahrnehmbar werden, der Prozeß seiner Entwickelung, wo die bisherige lyrische Subjektivität von der objektiven Welt gleichsam aufgesogen wurde. Von hier an war Schiller entschieden, nur historische Stoffe zu wählen; frei erfundene, die ihn veranlassen mußten, das Ideale zu realisieren, also seine Ideen zur Hauptsache zu machen, um die reale Welt danach zu gestalten, erkannte er als eine Klippe seiner Kunst, während die Behandlung historisch gegebener Stoffe, bei der das Realistische zu idealisieren war, ihm gebot, eine gegebene bestimmte und beschränkte Materie zu beleben, zu erwärmen und gleichsam aufquellen zu machen, wobei die objektive Bestimmtheit eines solchen Stoffes zugleich seine Phantasie zügelte und seiner Willkür Widerstand leistete. Schiller hatte jedoch während der Schöpfung des Wallenstein noch eine andre zwar formelle, aber für den Dichter ungemein bedeutungsvolle Erkenntnis gewonnen. In kaum begreiflicher Weise hatte W. von Humboldt den Rat gegeben, den Wallenstein in Prosa zu schreiben, und Schiller, dem es hinsichtlich der Arbeit wenig Unterschied machte, ob er in Jamben oder Prosa schrieb, wählte, obwohl er einsah, daß der Vers mehr poetische Würde verleihen müsse, anfänglich der größern Ungezwungenheit wegen und um das Stück für die theatralische Vorstellung bequemer zu machen, die letztere. Alles, was bis in die Mitte des Jahres 1797 ausgearbeitet war, hatte er in Prosa geschrieben, und als er sich im November 1797 dennoch für den Vers entschied und alles bis dahin Geschaffene umarbeiten mußte, begriff er kaum, wie er es je habe anders wollen können, da es unmöglich sei, ein Gedicht in Prosa zu schreiben. Von nun an, seitdem er seine prosaische Sprache in eine poetische-rhythmische verwandelte, befand er sich unter einer ganz andern Gerichtsbarkeit als vorher; selbst viele Motive, die in der prosaischen Ausführung recht gut am Platz zu stehen schienen, konnte er jetzt nicht mehr gebrauchen; sie waren bloß für den gewöhnlichen Hausverstand, dessen Organ die Prosa ist; aber der Vers forderte schlechterdings Beziehungen auf die Einbildungskraft, und so mußte der Dichter auch in mehreren seiner Motive poetischer werden, da das Platte nirgends so ins Licht kommt, als wenn es in gebundener Schreibart ausgesprochen wird. Der Rhythmus leistete, wie er erkannte, bei einer dramatischen Produktion auch noch das Große und Bedeutende, daß er, indem er alle Charaktere und alle Situationen nach einem Gesetz behandelte und sie, trotz ihres inneren Unterschiedes, nach einer Form ausführte, dadurch den Dichter und seinen Leser nötigte, von allem noch so Charakteristisch-Verschiedenen etwas Allgemeines, Rein-Menschliches zu verlangen. Bei der Bearbeitung in Versen stellte sich indessen wiederum eine neue Gefahr heraus, die des übermäßigen Anschwellens, da die Jamben, obgleich sie den Ausdruck verkürzten, eine poetische Gemütlichkeit unterhielten, die ins Breite trieb. So kam es, daß die Arbeit, die beim Beginn im strengen Sinne für die theatralische Vorstellung bestimmt war, beim Abschluß über die Grenzen hinausgewachsen erschien und zum Zwecke der Aufführung in Teile zerlegt werden mußte, wobei sich wiederum mannigfache nachträgliche, wenn auch nicht tiefgreifende Umänderungen als nötig ergaben. Goethe, der sich bis dahin durch Wohlwollen und Teilnahme förderlich erwiesen, aber durchaus, was früher wohl behauptet ist, einen mitarbeitenden oder sich auf einzelnes erstreckenden Anteil am Wallenstein nicht genommen hatte, wünschte für die Eröffnung des neuen Theatersaales den ersten Akt, den damals das ›Lager‹ bildete, als eine selbständige Arbeit aufgeführt zu sehen und gab, als Schiller bereitwillig darauf einging, nun ein Soldatenlied, dem Schiller noch ein paar Strophen einfügte, dazu her, so wie er auch durch Mitteilung eines Buches von Abraham a Santa Clara Veranlassung bot, daß Schiller die Kapuzinerpredigt hinzudichtete. Mit einem rasch entworfenen Prolog, der jetzt die dramatische Dichtung eröffnet, wurden die ›Wallensteiner‹, wie das ›Lager‹ damals hieß, am 12. Oktober 1798 zuerst gegeben. Über die Bedeutung des Vorspiels für das Ganze der Dichtung und über diese selbst sind in den vorstehenden Mitteilungen und in dem ›Prologe‹ ausreichende Fingerzeige enthalten, die deshalb hier keiner weiteren Ausdeutung und Erklärung bedürfen. Nach Abscheidung des Vorspiels, reifer Überlegung und vielen Konferenzen mit Goethe wurde die übrige Dichtung nun in zwei Stücke getrennt, von denen das erste, die Piccolomini, deren Verhältnis für und gegen Wallenstein es behandelt, die Exposition der Handlung in ihrer ganzen Breite enthält und gerade da endigt, wo der Knoten geknüpft ist. Dieser Teil wurde zuerst am 30. Januar 1799, zum Geburtstage der Herzogin Luise, in Weimar vorgestellt. Das andre Stück, Wallensteins Tod, die eigentliche Tragödie, erschien, nachdem die Piccolomini am 17. April wiederholt waren, am 20. April 1799 zuerst auf der weimarischen Bühne und am 17. Mai auf der Berliner. Im Juni des folgenden Jahres erschien Wallenstein bei Cotta im Druck, und die 3500 Exemplare der Auflage waren im September bereits vergriffen.

**K. Goedeke.**

Wallensteins Lager.

# Personen.

Wachtmeister,

Trompeter,      von einem Terzkyschen Karabinier-Regiment.

Konstabler.

Scharfschützen.

Zwei Holkische reitende Jäger.

Buttlerische Dragoner.

Arkebusiere vom Regiment Tiefenbach.

Kürassier von einem wallonischen

                   Regiment.

Kürassier von einem lombardischen

Kroaten.

Ulanen.

Rekrut.

Bürger.

Bauer.

Bauerknabe.

Kapuziner.

Soldatenschulmeister.

Marketenderin.

Eine Aufwärterin.

Soldatenjungen.

Hoboisten.

Vor der Stadt Pilsen in Böhmen.

# Prolog.
## Gesprochen bei Wiedereröffnung der Schaubühne in Weimar im Oktober 1798.

Der scherzenden, der ernsten Maske Spiel,

Dem ihr so oft ein willig Ohr und Auge

Geliehn, die weiche Seele hingegeben,

Vereinigt uns aufs neu in diesem Saal –

Und sieh! er hat sich neu verjüngt, ihn hat

Die Kunst zum heitern Tempel ausgeschmückt,

Und ein harmonisch hoher Geist spricht uns

Aus dieser edeln Säulenordnung an

Und regt den Sinn zu festlichen Gefühlen.

Und doch ist dies der alte Schauplatz noch,

Die Wiege mancher jugendlichen Kräfte,

Die Laufbahn manches wachsenden Talents.

Wir sind die Alten noch, die sich vor euch

Mit warmem Trieb und Eifer ausgebildet.

Ein edler Meister stand auf diesem Platz,

Euch in die heitern Höhen seiner Kunst

Durch seinen Schöpfergenius entzückend.

O! möge dieses Raumes neue Würde

Die Würdigsten in unsre Mitte ziehn

Und eine Hoffnung, die wir lang gehegt,

Sich uns in glänzender Erfüllung zeigen.

Ein großes Muster weckt Nacheiferung

Und gibt dem Urteil höhere Gesetze.

So stehe dieser Kreis, die neue Bühne

Als Zeugen des vollendeten Talents.

Wo möcht' es auch die Kräfte lieber prüfen,

Den alten Ruhm erfrischen und verjüngen,
Als hier vor einem auserlesnen Kreis,
Der, rührbar jedem Zauberschlag der Kunst,
Mit leis beweglichem Gefühl den Geist
In seiner flüchtigsten Erscheinung hascht?

Denn schnell und spurlos geht des Mimen Kunst,
Die wunderbare, an dem Sinn vorüber,
Wenn das Gebild des Meißels, der Gesang
Des Dichters nach Jahrtausenden noch leben.
Hier stirbt der Zauber mit dem Künstler ab,
Und wie der Klang verhallet in dem Ohr,
Verrauscht des Augenblicks geschwinde Schöpfung,
Und ihren Ruhm bewahrt kein dauernd Werk.
Schwer ist die Kunst, vergänglich ist ihr Preis,
Dem Mimen flicht die Nachwelt keine Kränze;
Drum muß er geizen mit der Gegenwart,
Den Augenblick, der sein ist, ganz erfüllen,
Muß seiner Mitwelt mächtig sich versichern
Und im Gefühl der Würdigsten und Besten
Ein lebend Denkmal sich erbaun – So nimmt er
Sich seines Namens Ewigkeit voraus.
Denn wer den Besten seiner Zeit genug
Getan, der hat gelebt für alle Zeiten.

Die neue Ära, die der Kunst Thaliens
Auf dieser Bühne heut beginnt, macht auch
Den Dichter kühn, die alte Bahn verlassend,
Euch aus des Bürgerlebens engem Kreis
Auf einen höhern Schauplatz zu versetzen,
Nicht unwert des erhabenen Moments

Der Zeit, in dem wir strebend uns bewegen.
Denn nur der große Gegenstand vermag
Den tiefen Grund der Menschheit aufzuregen;
Im engen Kreis verengert sich der Sinn,
Es wächst der Mensch mit seinen größern Zwecken.

Und jetzt an des Jahrhunderts ernstem Ende,
Wo selbst die Wirklichkeit zur Dichtung wird,
Wo wir den Kampf gewaltiger Naturen
Um ein bedeutend Ziel vor Augen sehn
Und um der Menschheit große Gegenstände,
Um Herrschaft und um Freiheit wird gerungen,
Jetzt darf die Kunst auf ihrer Schattenbühne
Auch höhern Flug versuchen, ja sie muß,
Soll nicht des Lebens Bühne sie beschämen.

Zerfallen sehen wir in diesen Tagen
Die alte feste Form, die einst vor hundert
Und fünfzig Jahren ein willkommner Friede
Europens Reichen gab, die teure Frucht
Von dreißig jammervollen Kriegesjahren.
Noch einmal laßt des Dichters Phantasie
Die düstre Zeit an euch vorüberführen,
Und blicket froher in die Gegenwart
Und in der Zukunft hoffnungsreiche Ferne.

In jenes Krieges Mitte stellt euch jetzt
Der Dichter. Sechzehn Jahre der Verwüstung,
Des Raubs, des Elends sind dahingeflohn,
In trüben Massen gäret noch die Welt,
Und keine Friedenshoffnung strahlt von fern.

Ein Tummelplatz von Waffen ist das Reich,

Verödet sind die Städte, Magdeburg

Ist Schutt, Gewerb und Kunstfleiß liegen nieder,

Der Bürger gilt nichts mehr, der Krieger alles,

Straflose Frechheit spricht den Sitten Hohn,

Und rohe Horden lagern sich, verwildert

Im langen Krieg, auf dem verheerten Boden.

Auf diesem finstern Zeitgrund malet sich

Ein Unternehmen kühnen Übermuts

Und ein verwegener Charakter ab.

Ihr kennet ihn – den Schöpfer kühner Heere,

Des Lagers Abgott und der Länder Geißel,

Die Stütze und den Schrecken seines Kaisers,

Des Glückes abenteuerlichen Sohn,

Der, von der Zeiten Gunst emporgetragen,

Der Ehre höchste Staffeln rasch erstieg

Und, ungesättigt immer weiter strebend,

Der unbezähmten Ehrsucht Opfer fiel.

Von der Parteien Gunst und Haß verwirrt

Schwankt sein Charakterbild in der Geschichte;

Doch euren Augen soll ihn jetzt die Kunst,

Auch eurem Herzen menschlich näher bringen.

Denn jedes Äußerste führt sie, die alles

Begrenzt und bindet, zur Natur zurück,

Sie sieht den Menschen in des Lebens Drang

Und wälzt die größre Hälfte seiner Schuld

Den unglückseligen Gestirnen zu.

Nicht er ist's, der auf dieser Bühne heut

Erscheinen wird. Doch in den kühnen Scharen,

Die sein Befehl gewaltig lenkt, sein Geist
Beseelt, wird euch sein Schattenbild begegnen,
Bis ihn die scheue Muse selbst vor euch
Zu stellen wagt in lebender Gestalt,
Denn seine Macht ist's, die sein Herz verführt,
Sein Lager nur erkläret sein Verbrechen.

Darum verzeiht dem Dichter, wenn er euch
Nicht raschen Schritts mit einem Mal ans Ziel
Der Handlung reißt, den großen Gegenstand
In einer Reihe von Gemälden nur
Vor euren Augen abzurollen wagt.
Das heut'ge Spiel gewinne euer Ohr
Und euer Herz den ungewohnten Tönen;
In jenen Zeitraum führ' es euch zurück,
Auf jene fremde kriegerische Bühne,
Die unser Held mit seinen Taten bald
Erfüllen wird.
Und wenn die Muse heut,
Des Tanzes freie Göttin und Gesangs,
Ihr altes deutsches Recht, des Reimes Spiel,
Bescheiden wieder fordert – tadelt's nicht!
Ja danket ihr's, daß sie das düstre Bild
Der Wahrheit in das heitre Reich der Kunst
Hinüberspielt, die Täuschung, die sie schafft,
Aufrichtig selbst zerstört und ihren Schein
Der Wahrheit nicht betrüglich unterschiebt;
Ernst ist das Leben, heiter ist die Kunst.

# 1. Auftritt.

Marketenderzelt, davor eine Kram- und Trödelbude. Soldaten von allen Farben und Feldzeichen drängen sich durcheinander, alle Tische sind besetzt. Kroaten und Ulanen an einem Kohlfeuer kochen, Marketenderin schenkt Wein, Soldatenjungen würfeln auf einer Trommel, im Zelt wird gesungen.

Ein Bauer und sein Sohn.

**Bauerknabe.**

Vater, es wird nicht gut ablaufen,

Bleiben wir von dem Soldatenhaufen.

Sind Euch gar trotzige Kameraden;

Wenn sie uns nur nichts am Leibe schaden.

**Bauer.**

Ei was! Sie werden uns ja nicht fressen,

Treiben sie's auch ein wenig vermessen.

Siehst du? sind neue Völker herein,

Kommen frisch von der Saal' und dem Main,

Bringen Beut' mit, die rarsten Sachen!

Unser ist's, wenn wir's nur listig machen.

Ein Hauptmann, den ein andrer erstach,

Ließ mir ein paar glückliche Würfel nach.

Die will ich heut einmal probieren,

Ob sie die alte Kraft noch führen.

Mußt dich nur recht erbärmlich stellen,

Sind dir gar lockere, leichte Gesellen.

Lassen sich gerne schön tun und loben,

So wie gewonnen, so ist's zerstoben.

Nehmen sie uns das Unsre in Scheffeln,

Müssen wir's wieder bekommen in Löffeln;

Schlagen sie grob mit dem Schwerte drein,
So sind wir pfiffig und treiben's fein.

(Im Zelt wird gesungen und gejubelt.)

Wie sie juchzen – daß Gott erbarm!
Alles das geht von des Bauern Felle.
Schon acht Monate legt sich der Schwarm
Uns in die Betten und in die Ställe,
Weit herum ist in der ganzen Aue
Keine Feder mehr, keine Klaue,
Daß wir für Hunger und Elend schier
Nagen müssen die eignen Knochen.
War's doch nicht ärger und krauser hier,
Als der Sachs noch im Lande tät pochen.
Und die nennen sich Kaiserliche!

**Bauerknabe.**

Vater, da kommen ein paar aus der Küche,
Sehen nicht aus, als wär' viel zu nehmen.

**Bauer.**

Sind einheimische, geborne Böhmen,
Von des Terschkas Karabinieren,
Liegen schon lang in diesen Quartieren.
Unter allen die schlimmsten just,
Spreizen sich, werfen sich in die Brust,
Tun, als wenn sie zu fürnehm wären,
Mit dem Bauer ein Glas zu leeren.
Aber dort seh' ich die drei scharfe Schützen
Linker Hand um ein Feuer sitzen,

Sehen mir aus wie Tiroler schier.

Emmerich, komm! an die wollen wir,

Lustige Vögel, die gerne schwatzen,

Tragen sich sauber und führen Batzen.

(Gehen nach den Zelten.)

# 2. Auftritt.

Vorige. Wachtmeister. Trompeter. Ulan.

**Trompeter.**

Was will der Bauer da? Fort, Halunk!

**Bauer.**

Gnädige Herren, einen Bissen und Trunk!
Haben heut noch nichts Warmes gegessen.

**Trompeter.**

Ei, das muß immer saufen und fressen.

**Ulan** (mit einem Glase).

Nichts gefrühstückt? Da trink, du Hund!

  (Führt den Bauer nach dem Zelte; jene kommen vorwärts.)

**Wachtmeister** (zum Trompeter).

Meinst du, man hab' uns ohne Grund
Heute die doppelte Löhnung gegeben,
Nur daß wir flott und lustig leben?

**Trompeter.**

Die Herzogin kommt ja heute herein
Mit dem fürstlichen Fräulein –

**Wachtmeister.**

Das ist nur der Schein.
Die Truppen, die aus fremden Landen
Sich hier vor Pilsen zusammen fanden,
Die sollen wir gleich an uns locken

Mit gutem Schluck und guten Brocken,
Damit sie sich gleich zufrieden finden
Und fester sich mit uns verbinden.

**Trompeter.**

Ja, es ist wieder was im Werke!

**Wachtmeister.**

Die Herrn Generäle und Kommendanten –

**Trompeter.**

Es ist gar nicht geheuer, wie ich merke.

**Wachtmeister.**

Die sich so dick hier zusammen fanden –

**Trompeter.**

Sind nicht für die Langweil herbemüht.

**Wachtmeister.**

Und das Gemunkel und das Geschicke –

**Trompeter.**

Ja, ja!

**Wachtmeister.**

Und von Wien die alte Perücke,
Die man seit gestern herumgehn sieht,
Mit der guldenen Gnadenkette,
Das hat was zu bedeuten, ich wette.

**Trompeter.**

Wieder so ein Spürhund, gebt nur acht,
Der die Jagd auf den Herzog macht.

**Wachtmeister.**

Merkst du wohl? Sie trauen uns nicht,
Fürchten des Friedländers heimlich Gesicht.
Er ist ihnen zu hoch gestiegen,
Möchten ihn gern herunterkriegen.

**Trompeter.**

Aber wir halten ihn aufrecht, wir,
Dächten doch alle, wie ich und Ihr!

**Wachtmeister.**

Unser Regiment und die andern vier,
Die der Terschka anführt, des Herzogs Schwager,
Das resoluteste Korps im Lager,
Sind ihm ergeben und gewogen,
Hat er uns selbst doch herangezogen.
Alle Hauptleute setzt' er ein,
Sind alle mit Leib und Leben sein.

# 3. Auftritt.

Kroat mit einem Halsschmuck. Scharfschütze folgt. Vorige.

**Scharfschütz.**

Kroat, wo hast du das Halsband gestohlen?
Handle dir's ab! dir ist's doch nichts nütz.
Geb' dir dafür das Paar Terzerolen.

**Kroat.**

Nix, nix! Du willst mich betrügen, Schütz.

**Scharfschütz.**

Nun! geb' dir auch noch die blaue Mütz,
Hab' sie soeben im Glücksrad gewonnen.
Siehst du? Sie ist zum höchsten Staat.

**Kroat** (läßt das Halsband in der Sonne spielen).

's ist aber von Perlen und edelm Granat.
Schau, wie das flinkert in der Sonnen!

**Scharfschütz** (nimmt das Halsband).

Die Feldflasche noch geb' ich drein, (besieht es)
Es ist mir nur um den schönen Schein.

**Trompeter.**

Seht nur, wie der den Kroaten prellt!
Halbpart, Schütze, so will ich schweigen.

**Kroat** (hat die Mütze aufgesetzt).

Deine Mütze mir wohlgefällt.

**Scharfschütz** (winkt dem Trompeter).

Wir tauschen hier! Die Herrn sind Zeugen!

# 4. Auftritt.

Vorige. Konstabler.

**Konstabler** (tritt zum Wachtmeister).

Wie ist's, Bruder Karabinier?

Werden wir uns lang noch die Hände wärmen,

Da die Feinde schon frisch im Feld herum schwärmen?

**Wachtmeister.**

Tut's Ihm so eilig, Herr Konstabel?

Die Wege sind noch nicht praktikabel.

**Konstabler.**

Mir nicht. Ich sitze gemächlich hier;

Aber ein Eilbot' ist angekommen,

Meldet, Regensburg sei genommen.

**Trompeter.**

Ei, da werden wir bald aufsitzen.

**Wachtmeister.**

Wohl gar! Um dem Bayer sein Land zu schützen,

Der dem Fürsten so unfreund ist?

Werden uns eben nicht sehr erhitzen.

**Konstabler.**

Meint Ihr? – Was Ihr nicht alles wißt!

# 5. Auftritt.

Vorige. Zwei Jäger. Dann Marketenderin. Soldatenjungen. Schulmeister.
Aufwärterin.

**Erster Jäger.**

Sieh, sieh!

Da treffen wir lustige Kompanie.

**Trompeter.**

Was für Grünröck' mögen das sein?

Treten ganz schmuck und stattlich ein.

**Wachtmeister.**

Sind Holkische Jäger; die silbernen Tressen

Holten sie sich nicht auf der Leipziger Messen.

**Marketenderin** (kommt und bringt Wein).

Glück zur Ankunft, ihr Herrn!

**Erster Jäger.**

Was? der Blitz!

Das ist ja die Gustel aus Blasewitz.

**Marketenderin.**

I freilich! Und Er ist wohl gar, Mußjö,

Der lange Peter aus Itzehö?

Der seines Vaters goldene Füchse

Mit unserm Regiment hat durchgebracht

Zu Glückstadt in einer lustigen Nacht –

**Erster Jäger.**

Und die Feder vertauscht mit der Kugelbüchse.

**Marketenderin.**

Ei da sind wir alte Bekannte!

**Erster Jäger.**

Und treffen uns hier im böhmischen Lande.

**Marketenderin.**

Heute da, Herr Vetter, und morgen dort –
Wie einen der rauhe Kriegesbesen
Fegt und schüttelt von Ort zu Ort;
Bin indes weit herum gewesen.

**Erster Jäger.**

Will's Ihr glauben! Das stellt sich dar.

**Marketenderin.**

Bin hinauf bis nach Temeswar
Gekommen mit den Bagagewagen,
Als wir den Mansfelder täten jagen.
Lag mit dem Friedländer vor Stralsund,
Ging mir dorten die Wirtschaft zu Grund.
Zog mit dem Sukkurs vor Mantua,
Kam wieder heraus mit dem Feria,
Und mit einem spanischen Regiment
Hab' ich einen Abstecher gemacht nach Gent.
Jetzt will ich's im böhmischen Land probieren,
Alte Schulden einkassieren –
Ob mir der Fürst hilft zu meinem Geld.
Und das dort ist mein Marketenderzelt.

**Erster Jäger.**

Nun, da trifft Sie alles beisammen an!
Doch wo hat Sie den Schottländer hingetan,
Mit dem Sie damals herumgezogen?

**Marketenderin.**

Der Spitzbub! der hat mich schön betrogen.
Fort ist er! Mit allem davon gefahren,
Was ich mir tät am Leibe ersparen.
Ließ mir nichts als den Schlingel da!

**Soldatenjunge** (kommt gesprungen).

Mutter! sprichst du von meinem Papa?

**Erster Jäger.**

Nun, nun! das muß der Kaiser ernähren,
Die Armee sich immer muß neu gebären.

**Soldatenschulmeister** (kommt).

Fort in die Feldschule! Marsch, ihr Buben!

**Erster Jäger.**

Das fürcht sich auch vor der engen Stuben!

**Aufwärterin** (kommt).

Base, sie wollen fort.

**Marketenderin.**

Gleich, gleich!

**Erster Jäger.**

Ei, wer ist denn das kleine Schelmengesichte?

**Marketenderin.**

's ist meiner Schwester Kind – aus dem Reich.

**Erster Jäger.**

Ei, also eine liebe Nichte?

(Marketenderin geht.)

**Zweiter Jäger** (das Mädchen haltend).

Bleib Sie bei uns doch, artiges Kind.

**Aufwärterin.**

Gäste dort zu bedienen sind.

(Macht sich los und geht.)

**Erster Jäger.**

Das Mädchen ist kein übler Bissen! –
Und die Muhme – beim Element!
Was haben die Herrn vom Regiment
Sich um das niedliche Lärvchen gerissen! –
Was man nicht alles für Leute kennt,
Und wie die Zeit von dannen rennt. –
Was werd' ich noch alles erleben müssen!

(Zum Wachtmeister und Trompeter.)

Euch zur Gesundheit, meine Herrn! –
Laßt uns hier auch ein Plätzchen nehmen.

# 6. Auftritt.

Jäger. Wachtmeister. Trompeter.

**Wachtmeister.**

Wir danken schön. Von Herzen gern.
Wir rücken zu. Willkommen in Böhmen!

**Erster Jäger.**

Ihr sitzt hier warm. Wir, in Feindes Land,
Mußten derweil uns schlecht bequemen.

**Trompeter.**

Man sollt's euch nicht ansehn, ihr seid galant.

**Wachtmeister.**

Ja, ja, im Saalkreis und auch in Meißen
Hört man euch Herrn nicht besonders preisen.

**Zweiter Jäger.**

Seid mir doch still! Was will das heißen?
Der Kroat es ganz anders trieb,
Uns nur die Nachles' übrig blieb.

**Trompeter.**

Ihr habt da einen saubern Spitzen
Am Kragen, und wie euch die Hosen sitzen!
Die feine Wäsche, der Federhut!
Was das alles für Wirkung tut!
Daß doch den Burschen das Glück soll scheinen,
Und so was kommt nie an unser einen!

**Wachtmeister.**

Dafür sind wir des Friedländers Regiment,
Man muß uns ehren und respektieren.

**Erster Jäger.**

Das ist für uns andre kein Kompliment,
Wir ebenso gut seinen Namen führen.

**Wachtmeister.**

Ja, ihr gehört auch so zur ganzen Masse.

**Erster Jäger.**

Ihr seid wohl von einer besondern Rasse?
Der ganze Unterschied ist in den Röcken,
Und ich ganz gern mag in meinem stecken.

**Wachtmeister.**

Herr Jäger, ich muß Euch nur bedauern,
Ihr lebt so draußen bei den Bauern;
Der feine Griff und der rechte Ton,
Das lernt sich nur um des Feldherrn Person.

**Erster Jäger.**

Sie bekam Euch übel, die Lektion.
Wie er räuspert, und wie er spuckt,
Das habt Ihr ihm glücklich abgeguckt;
Aber sein Schenie, ich meine sein Geist
Sich nicht auf der Wachparade weist.

**Zweiter Jäger.**

Wetter auch! wo Ihr nach uns fragt,

Wir heißen des Friedländers wilde Jagd

Und machen dem Namen keine Schande –

Ziehen frech durch Feindes und Freundes Lande,

Querfeldein durch die Saat, durch das gelbe Korn –

Sie kennen das Holkische Jägerhorn! –

In einem Augenblick fern und nah,

Schnell wie die Sündflut, so sind wir da –

Wie die Feuerflamme bei dunkler Nacht

In die Häuser fähret, wenn niemand wacht –

Da hilft keine Gegenwehr, keine Flucht,

Keine Ordnung gilt mehr und keine Zucht. –

Es sträubt sich – der Krieg hat kein Erbarmen –

Das Mägdlein in unsern sehnigten Armen –

Fragt nach, ich sag's nicht, um zu prahlen;

In Baireuth, im Voigtland, in Westfalen,

Wo wir nur durchgekommen sind –

Erzählen Kinder und Kindeskind

Nach hundert und aber hundert Jahren

Von dem Holk noch und seinen Scharen.

**Wachtmeister.**

Nun, da sieht man's! Der Saus und Braus,

Macht denn der den Soldaten aus?

Das Tempo macht ihn, der Sinn und Schick,

Der Begriff, die Bedeutung, der feine Blick.

**Erster Jäger.**

Die Freiheit macht ihn! Mit Euren Fratzen!

Daß ich mit Euch soll darüber schwatzen. –

Lief ich darum aus der Schul' und der Lehre,

Daß ich die Fron' und die Galeere,
Die Schreibstub' und ihre engen Wände
In dem Feldlager wiederfände? –
Flott will ich leben und müßig gehn,
Alle Tage was Neues sehn,
Mich dem Augenblick frisch vertrauen,
Nicht zurück, auch nicht vorwärts schauen –
Drum hab' ich meine Haut dem Kaiser verhandelt,
Daß keine Sorg' mich mehr anwandelt.
Führt mich ins Feuer frisch hinein,
Über den reißenden, tiefen Rhein –
Der dritte Mann soll verloren sein;
Werde mich nicht lang sperren und zieren. –
Sonst muß man mich aber, ich bitte sehr,
Mit nichts weiter inkommodieren.

**Wachtmeister.**

Nu, nu, verlangt Ihr sonst nichts mehr?
Das ließ sich unter dem Wams da finden.

**Erster Jäger.**

Was war das nicht für ein Placken und Schinden
Bei Gustav, dem Schweden, dem Leuteplager!
Der machte eine Kirch' aus seinem Lager,
Ließ Betstunde halten, des Morgens, gleich
Bei der Reveille und beim Zapfenstreich.
Und wurden wir manchmal ein wenig munter,
Er kanzelt' uns selbst wohl vom Gaul herunter.

**Wachtmeister.**

Ja, es war ein gottesfürchtiger Herr.

**Erster Jäger.**

Dirnen, die ließ er gar nicht passieren,
Mußten sie gleich zur Kirche führen.
Da lief ich, konnt's nicht ertragen mehr.

**Wachtmeister.**

Jetzt geht's dort auch wohl anders her.

**Erster Jäger.**

So ritt ich hinüber zu den Ligisten,
Sie täten sich just gegen Magdeburg rüsten.
Ja, das war schon ein ander Ding!
Alles da lustiger, loser ging,
Soff und Spiel und Mädels die Menge!
Wahrhaftig, der Spaß war nicht gering,
Denn der Tilly verstand sich aufs Kommandieren.
Dem eigenen Körper war er strenge,
Dem Soldaten ließ er vieles passieren,
Und ging's nur nicht aus seiner Kassen,
Sein Spruch war: leben und leben lassen.
Aber das Glück blieb ihm nicht stet –
Seit der Leipziger Fatalität
Wollt' es eben nirgends mehr flecken,
Alles bei uns geriet ins Stecken;
Wo wir erschienen und pochten an,
Ward nicht gegrüßt noch aufgetan.
Wir mußten uns drücken von Ort zu Ort,
Der alte Respekt war eben fort. –

Da nahm ich Handgeld von den Sachsen,
Meinte, da müßte mein Glück recht wachsen.

**Wachtmeister.**

Nun, da kamt Ihr ja eben recht
Zur böhmischen Beute.

**Erster Jäger.**

Es ging mir schlecht.
Sollten da strenge Mannszucht halten,
Durften nicht recht als Feinde walten,
Mußten des Kaisers Schlösser bewachen,
Viel Umständ' und Komplimente machen,
Führten den Krieg, als wär's nur Scherz,
Hatten für die Sach' nur ein halbes Herz,
Wollten's mit niemand ganz verderben,
Kurz, da war wenig Ehr zu erwerben,
Und ich wär' bald für Ungeduld
Wieder heimgelaufen zum Schreibepult,
Wenn nicht eben auf allen Straßen
Der Friedländer hätte werben lassen.

**Wachtmeister.**

Und wie lang denkt Ihr's hier auszuhalten?

**Erster Jäger.**

Spaßt nur! Solange der tut walten,
Denk' ich Euch, mein Seel! an kein Entlaufen.
Kann's der Soldat wo besser kaufen? —
Da geht alles nach Kriegessitt',
Hat alles 'nen großen Schnitt,

Und der Geist, der im ganzen Korps tut leben,

Reißet gewaltig, wie Windesweben,

Auch den untersten Reiter mit.

Da tret' ich auf mit beherztem Schritt,

Darf über den Bürger kühn wegschreiten,

Wie der Feldherr über der Fürsten Haupt.

Es ist hier wie in den alten Zeiten,

Wo die Klinge noch alles tät bedeuten;

Da gibt's nur ein Vergehn und Verbrechen:

Der Ordre fürwitzig widersprechen.

Was nicht verboten ist, ist erlaubt;

Da fragt niemand, was einer glaubt.

Es gibt nur zwei Ding' überhaupt:

Was zur Armee gehört und nicht;

Und nur der Fahne bin ich verpflicht.

**Wachtmeister.**

Jetzt gefallt Ihr mir, Jäger! Ihr sprecht

Wie ein Friedländischer Reitersknecht.

**Erster Jäger.**

Der führt's Kommando nicht wie ein Amt,

Wie eine Gewalt, die vom Kaiser stammt!

Es ist ihm nicht um des Kaisers Dienst,

Was bracht' er dem Kaiser für Gewinst?

Was hat er mit seiner großen Macht

Zu des Landes Schirm und Schutz vollbracht?

Ein Reich von Soldaten wollt' er gründen,

Die Welt anstecken und entzünden,

Sich alles vermessen und unterwinden –

**Trompeter.**

Still! Wer wird solche Worte wagen!

**Erster Jäger.**

Was ich denke, das darf ich sagen.
Das Wort ist frei, sagt der General.

**Wachtmeister.**

So sagt er, ich hört's wohl einigemal,
Ich stand dabei. »Das Wort ist frei,
Die Tat ist stumm, der Gehorsam blind,«
Dies urkundlich seine Worte sind.

**Erster Jäger.**

Ob's just seine Wort' sind, weiß ich nicht;
Aber die Sach ist so, wie er spricht.

**Zweiter Jäger.**

Ihm schlägt das Kriegsglück nimmer um,
Wie's wohl bei andern pflegt zu geschehen.
Der Tilly überlebte seinen Ruhm.
Doch unter des Friedländers Kriegspanieren,
Da bin ich gewiß zu viktorisieren.
Er bannet das Glück, es muß ihm stehen.
Wer unter seinem Zeichen tut fechten,
Der steht unter besondern Mächten.
Denn das weiß ja die ganze Welt,
Daß der Friedländer einen Teufel
Aus der Hölle im Solde hält.

**Wachtmeister.**

Ja, daß er fest ist, das ist kein Zweifel.

Denn in der blut'gen Affär bei Lützen

Ritt er euch unter des Feuers Blitzen

Auf und nieder mit kühlem Blut.

Durchlöchert von Kugeln war sein Hut,

Durch den Stiefel und Koller fuhren

Die Ballen, man sah die deutlichen Spuren;

Konnt' ihm keine die Haut nur ritzen,

Weil ihn die höllische Salbe tät schützen.

**Erster Jäger.**

Was wollt Ihr da für Wunder bringen!

Er trägt ein Koller von Elendshaut,

Das keine Kugel kann durchdringen.

**Wachtmeister.**

Nein, es ist die Salbe von Hexenkraut,

Unter Zaubersprüchen gekocht und gebraut.

**Trompeter.**

Es geht nicht zu mit rechten Dingen!

**Wachtmeister.**

Sie sagen, er les' auch in den Sternen

Die künftigen Dinge, die nahen und fernen;

Ich weiß aber besser, wie's damit ist.

Ein graues Männlein pflegt bei nächtlicher Frist

Durch verschlossene Türen zu ihm einzugehen;

Die Schildwachen haben's oft angeschrien,

Und immer was Großes ist drauf geschehen,

Wenn je das graue Röcklein kam und erschien.

**Zweiter Jäger.**

Ja, er hat sich dem Teufel übergeben,
Drum führen wir auch das lustige Leben.

# 7. Auftritt.

Vorige. Ein Rekrut. Ein Bürger. Dragoner.

**Rekrut** (tritt aus dem Zelt, eine Blechhaube auf dem Kopfe, eine Weinflasche in der Hand).

Grüß den Vater und Vaters Brüder!

Bin Soldat, komme nimmer wieder.

**Erster Jäger.**

Sieh, da bringen sie einen Neuen!

**Bürger.**

O, gib acht, Franz! es wird dich reuen.

**Rekrut** (singt).

Trommeln und Pfeifen,

Kriegrischer Klang!

Wandern und streifen

Die Welt entlang,

Rosse gelenkt,

Mutig geschwenkt,

Schwert an der Seite,

Frisch in die Weite,

Flüchtig und flink,

Frei, wie der Fink

Auf Sträuchern und Bäumen,

In Himmels Räumen!

Heisa! ich folge des Friedländers Fahn!

**Zweiter Jäger.**

Seht mir, das ist ein wackrer Kumpan!

(Sie begrüßen ihn.)

**Bürger.**

O, laßt ihn. Er ist guter Leute Kind.

**Erster Jäger.**

Wir auch nicht auf der Straße gefunden sind.

**Bürger.**

Ich sag' euch, er hat Vermögen und Mittel.
Fühlt her, das feine Tüchlein am Kittel.

**Trompeter.**

Des Kaisers Rock ist der höchste Titel.

**Bürger.**

Er erbt eine kleine Mützenfabrik.

**Zweiter Jäger.**

Des Menschen Wille, das ist sein Glück.

**Bürger.**

Von der Großmutter einen Kram und Laden.

**Erster Jäger.**

Pfui, wer handelt mit Schwefelfaden!

**Bürger.**

Einen Weinschank dazu von seiner Paten,
Ein Gewölbe mit zwanzig Stückfaß Wein.

**Trompeter.**

Den teilt er mit seinen Kameraden.

**Zweiter Jäger.**

Hör du! wir müssen Zeltbrüder sein.

**Bürger.**

Eine Braut läßt er sitzen in Tränen und Schmerz.

**Erster Jäger.**

Recht so, da zeigt er ein eisernes Herz.

**Bürger.**

Die Großmutter wird für Kummer sterben.

**Zweiter Jäger.**

Desto besser, so kann er sie gleich beerben.

**Wachtmeister** (tritt gravitätisch herzu, dem Rekruten die Hand auf die Blechhaube legend).

Sieht Er! das hat Er wohl erwogen.

Einen neuen Menschen hat Er angezogen;

Mit dem Helm da und Wehrgehäng

Schließt Er sich an eine würdige Meng.

Muß ein fürnehmer Geist jetzt in Ihn fahren –

**Erster Jäger.**

Muß besonders das Geld nicht sparen.

**Wachtmeister.**

Auf der Fortuna ihrem Schiff

Ist Er zu segeln im Begriff;

Die Weltkugel liegt vor Ihm offen,

Wer nichts waget, der darf nichts hoffen.

Es treibt sich der Bürgersmann, träg und dumm,

Wie des Färbers Gaul, nur im Ring herum.
Aus dem Soldaten kann alles werden,
Denn Krieg ist jetzt die Losung auf Erden.
Seh' Er mal mich an! In diesem Rock
Führ' ich, sieht Er, des Kaisers Stock.
Alles Weltregiment, muß Er wissen,
Von dem Stock hat ausgehen müssen;
Und das Zepter in Königs Hand
Ist ein Stock nur, das ist bekannt.
Und wer's zum Korporal erst hat gebracht,
Der steht auf der Leiter zur höchsten Macht,
Und so weit kann Er's auch noch treiben.

**Erster Jäger.**

Wenn Er nur lesen kann und schreiben.

**Wachtmeister.**

Da will ich Ihm gleich ein Exempel geben;
Ich tät's vor kurzem selbst erleben.
Da ist der Schef vom Dragonerkorps,
Heißt Buttler, wir standen als Gemeine
Noch vor dreißig Jahren bei Köln am Rheine,
Jetzt nennt man ihn Generalmajor.
Das macht, er tät sich baß hervor,
Tät die Welt mit seinem Kriegsruhm füllen;
Doch meine Verdienste, die blieben im stillen.
Ja, und der Friedländer selbst, sieht Er,
Unser Hauptmann und hochgebietender Herr,
Der jetzt alles vermag und kann,
War erst nur ein schlichter Edelmann,

Und weil er der Kriegsgöttin sich vertraut,

Hat er sich diese Größ' erbaut,

Ist nach dem Kaiser der nächste Mann,

Und wer weiß, was er noch erreicht und ermißt,

(pfiffig) Denn noch nicht aller Tage Abend ist.

**Erster Jäger.**

Ja, er fing's klein an und ist jetzt so groß.

Denn zu Altorf im Studentenkragen

Trieb er's, mit Permiß zu sagen,

Ein wenig locker und burschikos,

Hätte seinen Famulus bald erschlagen.

Wollten ihn drauf die Nürnberger Herren

Mir nichts, dir nichts ins Karzer sperren;

's war just ein neugebautes Nest,

Der erste Bewohner sollt' es taufen.

Aber wie fängt er's an? Er läßt

Weislich den Pudel voran erst laufen.

Nach dem Hunde nennt sich's bis diesen Tag;

Ein rechter Kerl sich dran spiegeln mag.

Unter des Herrn großen Taten allen

Hat mir das Stückchen besonders gefallen.

(Das Mädchen hat unterdessen aufgewartet; der zweite Jäger schäkert mit ihr.)

**Dragoner** (tritt dazwischen).

Kamerad, laß Er das unterwegen!

**Zweiter Jäger.**

Wer, Henker! hat sich da drein zu legen!

**Dragoner.**

Ich will's Ihm nur sagen, die Dirn ist mein.

**Erster Jäger.**

Der will ein Schätzchen für sich allein!
Dragoner, ist Er bei Troste? sag' Er!

**Zweiter Jäger.**

Will was Apartes haben im Lager.
Einer Dirne schön Gesicht
Muß allgemein sein, wie's Sonnenlicht! (Küßt sie.)

**Dragoner** (reißt sie weg).

Ich sag's noch einmal, das leid' ich nicht.

**Erster Jäger.**

Lustig, lustig! da kommen die Prager!

**Zweiter Jäger.**

Sucht Er Händel? Ich bin dabei.

**Wachtmeister.**

Fried', ihr Herren! Ein Kuß ist frei!

# 8. Auftritt.

Bergknappen treten auf und spielen einen Walzer, erst langsam und dann immer geschwinder. Der erste Jäger tanzt mit der Aufwärterin, die Marketenderin mit dem Rekruten; das Mädchen entspringt, der Jäger hinter ihr her und bekommt den Kapuziner zu fassen, der eben hereintritt.

**Kapuziner.**

Heisa, juchheia! Dudeldumdei!

Das geht ja hoch her. Bin auch dabei!

Ist das eine Armee von Christen?

Sind wir Türken? sind wir Antibaptisten?

Treibt man so mit dem Sonntag Spott,

Als hätte der allmächtige Gott

Das Chiragra, könnte nicht drein schlagen?

Ist's jetzt Zeit zu Saufgelagen?

Zu Banketten und Feiertagen?

*Quid hic statis otiosi?*

Was steht ihr und legt die Hände in Schoß?

Die Kriegsfuri ist an der Donau los,

Das Bollwerk des Bayerlands ist gefallen,

Regensburg ist in des Feindes Krallen,

Und die Armee liegt hier in Böhmen,

Pflegt den Bauch, läßt sich's wenig grämen,

Kümmert sich mehr um den Krug als den Krieg,

Wetzt lieber den Schnabel als den Sabel,

Hetzt sich lieber herum mit der Dirn,

Frißt den Ochsen lieber als den Oxenstirn.

Die Christenheit trauert in Sack und Asche,

Der Soldat füllt sich nur die Tasche.

Es ist eine Zeit der Tränen und Not,

Am Himmel geschehen Zeichen und Wunder,

Und aus den Wolken, blutigrot,

Hängt der Herrgott den Kriegsmantel 'runter.

Den Kometen steckt er, wie eine Rute,

Drohend am Himmelsfenster aus,

Die ganze Welt ist ein Klagehaus,

Die Arche der Kirche schwimmt in Blute,

Und das römische Reich – daß Gott erbarm!

Sollte jetzt heißen römisch Arm;

Der Rheinstrom ist worden zu einem Peinstrom,

Die Klöster sind ausgenommene Nester,

Die Bistümer sind verwandelt in Wüsttümer,

Die Abteien und die Stifter

Sind nun Raubteien und Diebesklüfter,

Und alle die gesegneten deutschen Länder

Sind verkehrt worden in Elender –

Woher kommt das? Das will ich euch verkünden:

Das schreibt sich her von euern Lastern und Sünden,

Von dem Greuel und Heidenleben,

Dem sich Offizier und Soldaten ergeben.

Denn die Sünd' ist der Magnetenstein,

Der das Eisen ziehet ins Land herein.

Auf das Unrecht, da folgt das Übel,

Wie die Trän' auf den herben Zwiebel,

Hinter dem **U** kömmt gleich das **W**eh,

Das ist die Ordnung im ABC.

*Ubi erit victoriae spes,*

*Si offenditur Deus?* Wie soll man siegen,

Wenn man die Predigt schwänzt und die Meß,

Nichts tut, als in den Weinhäusern liegen?

Die Frau in dem Evangelium

Fand den verlornen Groschen wieder,

Der Gaul seines Vaters Esel wieder,

Der Joseph seine saubern Brüder;

Aber wer bei den Soldaten sucht

Die Furcht Gottes und die gute Zucht

Und die Scham, der wird nicht viel finden,

Tät' er auch hundert Laternen anzünden.

Zu dem Prediger in der Wüsten,

Wie wir lesen im Evangelisten,

Kamen auch die Soldaten gelaufen,

Taten Buß und ließen sich taufen,

Fragten ihn: *Quid faciemus nos?*

Wie machen wir's, daß wir kommen in Abrahams Schoß?

*Et ait illis*, und er sagt:

*Neminem concutiatis,*

Wenn ihr niemanden schindet und plackt;

*Neque calumniam faciatis,*

Niemand verlästert, auf niemand lügt.

*Contenti estote,* euch begnügt,

*Stipendiis vestris,* mit eurer Löhnung

Und verflucht jede böse Angewöhnung.

Es ist ein Gebot: Du sollst den Namen

Deines Herrgotts nicht eitel auskramen!

Und wo hört man mehr blasphemieren,

Als hier in den Friedländischen Kriegsquartieren?

Wenn man für jeden Donner und Blitz,

Den ihr losbrennt mit eurer Zungenspitz,

Die Glocken müßt' läuten im Land umher,

Es wär' bald kein Mesner zu finden mehr.

Und wenn euch für jedes böse Gebet,

Das aus eurem ungewaschnen Munde geht,

Ein Härlein ausging aus eurem Schopf,

Über Nacht wär' er geschoren glatt,

Und wär' er so dick wie Absalons Zopf.

Der Josua war doch auch ein Soldat,

König David erschlug den Goliath,

Und wo steht denn geschrieben zu lesen,

Daß sie solche Fluchmäuler sind gewesen?

Muß man den Mund doch, ich sollte meinen,

Nicht weiter aufmachen zu einem Helf Gott!

Als zu einem Kreuz Sackerlot!

Aber wessen das Gefäß ist gefüllt,

Davon es sprudelt und überquillt.

Wieder ein Gebot ist: Du sollst nicht stehlen.

Ja, das befolgt ihr nach dem Wort,

Denn ihr tragt alles offen fort.

Vor euren Klauen und Geiersgriffen,

Vor euren Praktiken und bösen Kniffen

Ist das Geld nicht geborgen in der Truh,

Das Kalb nicht sicher in der Kuh,

Ihr nehmt das Ei und das Huhn dazu.

Was sagt der Prediger? *contenti estote*,

Begnügt euch mit eurem Kommißbrote.

Aber wie soll man die Knechte loben,

Kömmt doch das Ärgernis von oben!

Wie die Glieder, so auch das Haupt!

Weiß doch niemand, an wen der glaubt!

**Erster Jäger.**

Herr Pfaff! uns Soldaten mag Er schimpfen,
Den Feldherrn soll Er uns nicht verunglimpfen.

**Kapuziner.**

*Ne custodias gregem meam!*
Das ist so ein Ahab und Jerobeam,
Der die Völker von der wahren Lehren
Zu falschen Götzen tut verkehren.

**Trompeter** und **Rekrut.**

Laß Er uns das nicht zweimal hören!

**Kapuziner.**

So ein Bramarbas und Eisenfresser,
Will einnehmen alle festen Schlösser.
Rühmte sich mit seinem gottlosen Mund,
Er müsse haben die Stadt Stralsund,
Und wär' sie mit Ketten an den Himmel geschlossen.
Hat aber sein Pulver umsonst verschossen!

**Trompeter.**

Stopft ihm keiner sein Lästermaul?

**Kapuziner.**

So ein Teufelsbeschwörer und König Saul,
So ein Jehu und Holofern,
Verleugnet, wie Petrus, seinen Meister und Herrn,
Drum kann er den Hahn nicht hören krähn –

**Beide Jäger.**

Pfaffe! Jetzt ist's um dich geschehn!

**Kapuziner.**

So ein listiger Fuchs Herodes –

**Trompeter** und **beide Jäger** (auf ihn eindringend).

Schweig stille! Du bist des Todes!

**Kroaten** (legen sich drein).

Bleib da, Pfäfflein, fürcht' dich nit,
Sag dein Sprüchel und teil's uns mit.

**Kapuziner** (schreit lauter).

So ein hochmütiger Nebukadnezer,
So ein Sündenvater und muffiger Ketzer,
Läßt sich nennen den Wallenstein;
Ja freilich ist er uns allen ein Stein
Des Anstoßes und Ärgernisses,
Und solang der Kaiser diesen Friedeland
Läßt walten, so wird nicht Fried' im Land.

(Er hat nach und nach bei den letzten Worten, die er mit erhobener Stimme spricht, seinen Rückzug genommen, indem die Kroaten die übrigen Soldaten von ihm abwehren.)

# 9. Auftritt.

Vorige, ohne den Kapuziner.

**Erster Jäger** (zum Wachtmeister).

Sagt mir, was meint' er mit dem Göckelhahn,
Den der Feldherr nicht krähen hören kann?
Es war wohl nur so gesagt ihm zum Schimpf und Hohne?

**Wachtmeister.**

Da will ich Euch dienen. Es ist nicht ganz ohne!
Der Feldherr ist wundersam geboren,
Besonders hat er gar kitzlichte Ohren.
Kann die Katze nicht hören mauen,
Und wenn der Hahn kräht, so macht's ihm Grauen.

**Erster Jäger.**

Das hat er mit dem Löwen gemein.

**Wachtmeister.**

Muß alles mausstill um ihn sein.
Den Befehl haben alle Wachen,
Denn er denkt gar zu tiefe Sachen.

**Stimmen** (im Zelt; Auflauf).

Greift ihn, den Schelm! Schlagt zu! Schlagt zu!

**Des Bauern Stimme.**

Hilfe! Barmherzigkeit!

**Andre Stimmen.**

Friede! Ruh!

**Erster Jäger.**

Hol mich der Teufel! Da setzt's Hiebe.

**Zweiter Jäger.**

Da muß ich dabei sein!

(Laufen ins Zelt.)

**Marketenderin** (kommt heraus).

Schelmen und Diebe!

**Trompeter.**

Frau Wirtin, was setzt Euch so in Eifer?

**Marketenderin.**

Der Lump! der Spitzbub! der Straßenläufer!
Das muß mir in meinem Zelt passieren!
Es beschimpft mich bei allen Herrn Offizieren.

**Wachtmeister.**

Bäschen, was gibt's denn?

**Marketenderin.**

Was wird's geben?
Da erwischten sie einen Bauer eben,
Der falsche Würfel tät bei sich haben.

**Trompeter.**

Sie bringen ihn hier mit seinem Knaben.

# 10. Auftritt.

Soldaten bringen den Bauer geschleppt.

**Erster Jäger.**

Der muß baumeln!

**Scharfschützen** und **Dragoner.**

Zum Profoß! Zum Profoß!

**Wachtmeister.**

Das Mandat ist noch kürzlich ausgegangen.

**Marketenderin.**

In einer Stunde seh' ich ihn hangen!

**Wachtmeister.**

Böses Gewerbe bringt bösen Lohn.

**Erster Arkebusier** (zum andern).

Das kommt von der Desperation.
Denn seht, erst tut man sie ruinieren,
Das heißt sie zum Stehlen selbst verführen.

**Trompeter.**

Was? Was? Ihr red't ihm das Wort noch gar?
Dem Hunde! Tut Euch der Teufel plagen?

**Erster Arkebusier.**

Der Bauer ist auch ein Mensch — so zu sagen.

**Erster Jäger** (zum Trompeter).

Laß sie gehen! sind Tiefenbacher,

Gevatter Schneider und Handschuhmacher!

Lagen in Garnison zu Brieg,

Wissen viel, was der Brauch ist im Krieg.

# 11. Auftritt.

Vorige. Kürassiere.

**Erster Kürassier.**

Friede! Was gibt's mit dem Bauer da?

**Erster Scharfschütz.**

's ist ein Schelm, hat im Spiel betrogen!

**Erster Kürassier.**

Hat er dich betrogen etwa?

**Erster Scharfschütz.**

Ja, und hat mich rein ausgezogen.

**Erster Kürassier.**

Wie? Du bist ein Friedländischer Mann,
Kannst dich so wegwerfen und blamieren,
Mit einem Bauer dein Glück probieren?
Der laufe, was er laufen kann.

(Bauer entwischt, die andern treten zusammen.)

**Erster Arkebusier.**

Der macht kurze Arbeit, ist resolut,
Das ist mit solchem Volke gut.
Was ist's für einer? Es ist kein Böhm.

**Marketenderin.**

's ist ein Wallon! Respekt vor dem!
Von des Pappenheims Kürassieren.

**Erster Dragoner** (tritt dazu).

Der Piccolomini, der junge, tut sie jetzt führen.
Den haben sie sich aus eigner Macht
Zum Oberst gesetzt in der Lützner Schlacht,
Als der Pappenheim umgekommen.

**Erster Arkebusier.**

Haben sie sich so was 'rausgenommen?

**Erster Dragoner.**

Dies Regiment hat was voraus,
Es war immer voran bei jedem Strauß.
Darf auch seine eigene Justiz ausüben,
Und der Friedländer tut's besonders lieben.

**Erster Kürassier** (zum andern).

Ist's auch gewiß? Wer bracht' es aus?

**Zweiter Kürassier.**

Ich hab's aus des Obersts eigenem Munde.

**Erster Kürassier.**

Was Teufel! Wir sind nicht ihre Hunde.

**Erster Jäger.**

Was haben die da? Sind voller Gift.

**Zweiter Jäger.**

Ist's was, ihr Herrn, das uns mitbetrifft?

**Erster Kürassier.**

Es hat sich keiner drüber zu freuen.

(Soldaten treten herzu.)

Sie wollen uns in die Niederland' leihen;
Kürassiere, Jäger, reitende Schützen,
Sollen achttausend Mann aufsitzen.

**Marketenderin.**

Was? Was? Da sollen wir wieder wandern?
Bin erst seit gestern zurück aus Flandern.

**Zweiter Kürassier** (zu den Dragonern).

Ihr Buttlerischen sollt auch mitreiten.

**Erster Kürassier.**

Und absonderlich wir Wallonen.

**Marketenderin.**

Ei, das sind ja die allerbesten Schwadronen!

**Erster Kürassier.**

Den aus Mailand sollen wir hinbegleiten.

**Erster Jäger.**

Den Infanten! Das ist ja kurios!

**Zweiter Jäger.**

Den Pfaffen! Da geht der Teufel los.

**Erster Kürassier.**

Wir sollen von dem Friedländer lassen,
Der den Soldaten so nobel hält,
Mit dem Spanier ziehen zu Feld,
Dem Knauser, den wir von Herzen hassen?

Nein, das geht nicht! Wir laufen fort.

**Trompeter.**

Was, zum Henker! sollen wir dort?
Dem Kaiser verkauften wir unser Blut
Und nicht dem hispanischen roten Hut.

**Zweiter Jäger.**

Auf des Friedländers Wort und Kredit allein
Haben wir Reitersdienst genommen;
Wär's nicht aus Lieb' für den Wallenstein,
Der Ferdinand hätt' uns nimmer bekommen.

**Erster Dragoner.**

Tät uns der Friedländer nicht formieren?
Seine Fortuna soll uns führen.

**Wachtmeister.**

Laßt euch bedeuten, hört mich an.
Mit dem Gered' da ist's nicht getan.
Ich sehe weiter als ihr alle,
Dahinter steckt eine böse Falle.

**Erster Jäger.**

Hört das Befehlbuch! Stille doch!

**Wachtmeister.**

Bäschen Gustel, füllt mir erst noch
Ein Gläschen Melnecker für den Magen,
Alsdann will ich euch meine Gedanken sagen.

**Marketenderin** (ihm einschenkend).

Hier, Herr Wachtmeister! Er macht mir Schrecken.

Es wird doch nichts Böses dahinter stecken!

**Wachtmeister.**

Seht, ihr Herrn, das ist all recht gut,

Daß jeder das Nächste bedenken tut;

Aber, pflegt der Feldherr zu sagen,

Man muß immer das Ganze überschlagen.

Wir nennen uns alle des Friedländers Truppen.

Der Bürger, er nimmt uns ins Quartier

Und pflegt uns und kocht uns warme Suppen.

Der Bauer muß den Gaul und den Stier

Vorspannen an unsre Bagagewagen,

Vergebens wird er sich drüber beklagen.

Läßt sich ein Gefreiter mit sieben Mann

In einem Dorfe von weitem spüren,

Er ist die Obrigkeit drin und kann

Nach Lust drin walten und kommandieren.

Zum Henker! sie mögen uns alle nicht

Und sähen des Teufels sein Angesicht

Weit lieber, als unsre gelben Kolletter.

Warum schmeißen sie uns nicht aus dem Land? Potz Wetter!

Sind uns an Anzahl doch überlegen,

Führen den Knüttel, wie wir den Degen.

Warum dürfen wir ihrer lachen?

Weil wir einen furchtbaren Haufen ausmachen!

**Erster Jäger.**

Ja, ja, im Ganzen, da sitzt die Macht!

Der Friedländer hat das wohl erfahren,

Wie er dem Kaiser vor acht – neun Jahren
Die große Armee zusammenbracht.
Sie wollten erst nur von zwölftausend hören:
Die, sagt' er, die kann ich nicht ernähren;
Aber ich will sechzigtausend werben,
Die, weiß ich, werden nicht Hungers sterben.
Und so wurden wir Wallensteiner.

**Wachtmeister.**

Zum Exempel, da hack mir einer
Von den fünf Fingern, die ich hab',
Hier an der Rechten den kleinen ab.
Habt ihr mir den Finger bloß genommen?
Nein, beim Kuckuck, ich bin um die Hand gekommen!
's ist nur ein Stumpf und nichts mehr wert.
Ja, und diese achttausend Pferd,
Die man nach Flandern jetzt begehrt,
Sind von der Armee nur der kleine Finger.
Läßt man sie ziehn, ihr tröstet euch,
Wir seien um ein Fünftel nur geringer?
Pros't Mahlzeit! da fällt das Ganze gleich.
Die Furcht ist weg, der Respekt, die Scheu,
Da schwillt dem Bauer der Kamm aufs neu,
Da schreiben sie uns in der Wiener Kanzlei
Den Quartier- und den Küchenzettel,
Und es ist wieder der alte Bettel.
Ja, und wie lang wird's stehen an,
So nehmen sie uns auch noch den Feldhauptmann –
Sie sind ihm am Hofe so nicht grün,
Nun, da fällt eben alles hin!

Wer hilft uns dann wohl zu unserm Geld?

Sorgt, daß man uns die Kontrakte hält?

Wer hat den Nachdruck und hat den Verstand,

Den schnellen Witz und die feste Hand,

Diese gestückelten Heeresmassen

Zusammen zu fügen und zu passen?

Zum Exempel – Dragoner – sprich:

Aus welchem Vaterland schreibst du dich?

**Erster Dragoner.**

Weit aus Hibernien her komm' ich.

**Wachtmeister** (zu den beiden Kürassieren).

Ihr, das weiß ich, seid ein Wallon;

Ihr ein Welscher. Man hört's am Ton.

**Erster Kürassier.**

Wer ich bin? ich hab's nie können erfahren:

Sie stahlen mich schon in jungen Jahren.

**Wachtmeister.**

Und du bist auch nicht aus der Näh?

**Erster Arkebusier.**

Ich bin von Buchau am Federsee.

**Wachtmeister.**

Und Ihr, Nachbar?

**Zweiter Arkebusier.**

Aus der Schwitz.

**Wachtmeister** (zum zweiten Jäger).

Was für ein Landsmann bist du, Jäger?

**Zweiter Jäger.**

Hinter Wismar ist meiner Eltern Sitz.

**Wachtmeister** (auf den Trompeter zeigend).

Und der da und ich, wir sind aus Eger.
Nun! und wer merkt uns das nun an,
Daß wir aus Süden und aus Norden
Zusammen geschneit und geblasen worden?
Sehn wir nicht aus, wie aus einem Span?
Stehn wir nicht gegen den Feind geschlossen,
Recht wie zusammen geleimt und gegossen?
Greifen wir nicht, wie ein Mühlwerk, flink
Ineinander auf Wort und Wink?
Wer hat uns so zusammen geschmiedet,
Daß ihr uns nimmer unterschiedet?
Kein andrer sonst als der Wallenstein!

**Erster Jäger.**

Das fiel mir mein Lebtag nimmer ein,
Daß wir so gut zusammen passen;
Hab' mich immer nur gehen lassen.

**Erster Kürassier.**

Dem Wachtmeister muß ich Beifall geben.
Dem Kriegsstand kämen sie gern ans Leben;
Den Soldaten wollen sie niederhalten,
Daß sie alleine können walten.

's ist eine Verschwörung, ein Komplott.

**Marketenderin.**

Eine Verschwörung? Du lieber Gott!
Da können die Herren ja nicht mehr zahlen.

**Wachtmeister.**

Freilich! Es wird alles bankerott.
Viele von den Hauptleuten und Generalen
Stellten aus ihren eignen Kassen
Die Regimenter, wollten sich sehen lassen,
Täten sich angreifen über Vermögen,
Dachten, es bring' ihnen großen Segen.
Und die alle sind um ihr Geld,
Wenn das Haupt, wenn der Herzog fällt.

**Marketenderin.**

Ach, du mein Heiland! Das bringt mir Fluch!
Die halbe Armee steht in meinem Buch.
Der Graf Isolani, der böse Zahler,
Restiert mir allein noch zweihundert Taler.

**Erster Kürassier.**

Was ist da zu machen, Kameraden?
Es ist nur eins, was uns retten kann:
Verbunden können sie uns nichts schaden;
Wir stehen alle für einen Mann.
Laßt sie schicken und ordenanzen,
Wir wollen uns fest in Böhmen pflanzen,
Wir geben nicht nach und marschieren nicht,
Der Soldat jetzt um seine Ehre ficht.

**Zweiter Jäger.**

Wir lassen uns nicht so im Land 'rum führen!
Sie sollen kommen und sollen's probieren!

**Erster Arkebusier.**

Liebe Herren, bedenkt's mit Fleiß,
's ist des Kaisers Will' und Geheiß.

**Trompeter.**

Werden uns viel um den Kaiser scheren.

**Erster Arkebusier.**

Laß Er mich das nicht zweimal hören.

**Trompeter.**

's ist aber doch so, wie ich gesagt.

**Erster Jäger.**

Ja, ja, ich hört's immer so erzählen,
Der Friedländer hab' hier allein zu befehlen.

**Wachtmeister.**

So ist's auch, das ist sein Beding und Pakt.
Absolute Gewalt hat er, müßt ihr wissen,
Krieg zu führen und Frieden zu schließen,
Geld und Gut kann er konfiszieren,
Kann henken lassen und pardonieren,
Offiziere kann er und Obersten machen,
Kurz, er hat alle die Ehrensachen.
Das hat er vom Kaiser eigenhändig.

**Erster Arkebusier.**

Der Herzog ist gewaltig und hochverständig;

Aber er bleibt doch, schlecht und recht,

Wie wir alle, des Kaisers Knecht.

**Wachtmeister.**

Nicht wie wir alle! Das wißt Ihr schlecht.

Er ist ein unmittelbarer und freier

Des Reiches Fürst, so gut wie der Bayer.

Sah ich's etwa nicht selbst mit an,

Als ich zu Brandeis die Wach' getan,

Wie ihm der Kaiser selbsten erlaubt,

Zu bedecken sein fürstlich Haupt?

**Erster Arkebusier.**

Das war für das Mecklenburger Land,

Das ihm der Kaiser versetzt als Pfand.

**Erster Jäger** (zum Wachtmeister).

Wie? In des Kaisers Gegenwart?

Das ist doch seltsam und sehr apart!

**Wachtmeister** (fährt in die Tasche).

Wollt ihr mein Wort nicht gelten lassen,

Sollt ihr's mit Händen greifen und fassen. (Eine Münze zeigend.)

Wes ist das Bild und Gepräg?

**Marketenderin.**

Weist her!

Ei, das ist ja ein Wallensteiner!

**Wachtmeister.**

Na, da habt ihr's, was wollt ihr mehr?

Ist er nicht Fürst so gut als einer?

Schlägt er nicht Geld, wie der Ferdinand?

Hat er nicht eigenes Volk und Land?

Eine Durchlauchtigkeit läßt er sich nennen!

Drum muß er Soldaten halten können.

**Erster Arkebusier.**

Das disputiert ihm niemand nicht.

Wir aber stehn in des Kaisers Pflicht,

Und wer uns bezahlt, das ist der Kaiser.

**Trompeter.**

Das leugn' ich Ihm, sieht Er, ins Angesicht.

Wer uns nicht zahlt, das ist der Kaiser!

Hat man uns nicht seit vierzig Wochen

Die Löhnung immer umsonst versprochen?

**Erster Arkebusier.**

Ei was! Das steht ja in guten Händen.

**Erster Kürassier.**

Fried', ihr Herrn! Wollt ihr mit Schlägen enden?

Ist denn darüber Zank und Zwist,

Ob der Kaiser unser Gebieter ist?

Eben drum, weil wir gern in Ehren

Seine tüchtigen Reiter wären,

Wollen wir nicht seine Herde sein,

Wollen uns nicht von den Pfaffen und Schranzen

Herum lassen führen und verpflanzen.

Sagt selber! Kommt's nicht dem Herrn zu gut,

Wenn sein Kriegsvolk was auf sich halten tut?
Wer anders macht ihn, als seine Soldaten,
Zu dem großmächtigen Potentaten?
Verschafft und bewahrt ihm weit und breit
Das große Wort in der Christenheit?
Mögen sich die sein Joch aufladen,
Die mitessen von seinen Gnaden,
Die mit ihm tafeln im goldnen Zimmer.
Wir, wir haben von seinem Glanz und Schimmer
Nichts als die Müh' und als die Schmerzen,
Und wofür wir uns halten in unserm Herzen.

### Zweiter Jäger.

Alle großen Tyrannen und Kaiser
Hielten's so und waren viel weiser.
Alles andre täten sie hudeln und schänden,
Den Soldaten trugen sie auf den Händen.

### Erster Kürassier.

Der Soldat muß sich können fühlen.
Wer's nicht edel und nobel treibt,
Lieber weit von dem Handwerk bleibt.
Soll ich frisch um mein Leben spielen,
Muß mir noch etwas gelten mehr.
Oder ich lasse mich eben schlachten
Wie der Kroat – und muß mich verachten.

### Beide Jäger.

Ja, übers Leben noch geht die Ehr!

### Erster Kürassier.

Das Schwert ist kein Spaten, kein Pflug,
Wer damit ackern wollte, wäre nicht klug.
Es grünt uns kein Halm, es wächst keine Saat,
Ohne Heimat muß der Soldat
Auf dem Erdboden flüchtig schwärmen,
Darf sich an eignem Herd nicht wärmen,
Er muß vorbei an der Städte Glanz,
An des Dörfleins lustigen, grünen Auen,
Die Traubenlese, den Erntekranz
Muß er wandernd von ferne schauen.
Sagt mir, was hat er an Gut und Wert,
Wenn der Soldat sich nicht selber ehrt?
Etwas muß er sein eigen nennen,
Oder der Mensch wird morden und brennen.

**Erster Arkebusier.**

Das weiß Gott, 's ist ein elend Leben!

**Erster Kürassier.**

Möcht's doch nicht für ein andres geben.
Seht, ich bin weit in der Welt 'rum kommen,
Hab' alles in Erfahrung genommen.
Hab' der hispanischen Monarchie
Gedient und der Republik Venedig
Und dem Königreich Napoli;
Aber das Glück war mir nirgends gnädig.
Hab' den Kaufmann gesehn und den Ritter
Und den Handwerksmann und den Jesuiter,
Und kein Rock hat mir unter allen
Wie mein eisernes Wams gefallen.

**Erster Arkebusier.**

Ne! das kann ich eben nicht sagen.

**Erster Kürassier.**

Will einer in der Welt was erjagen,
Mag er sich rühren und mag sich plagen;
Will er zu hohen Ehren und Würden,
Bück' er sich unter die goldnen Bürden;
Will er genießen den Vatersegen,
Kinder und Enkelein um sich pflegen,
Treib' er ein ehrlich Gewerb' in Ruh.
Ich – ich hab' kein Gemüt dazu.
Frei will ich leben und also sterben,
Niemand berauben und niemand beerben
Und auf das Gehudel unter mir
Leicht wegschauen von meinem Tier.

**Erster Jäger.**

Bravo! Just so ergeht es mir.

**Erster Arkebusier.**

Lustiger freilich mag sich's haben,
Über anderer Köpf' wegtraben.

**Erster Kürassier.**

Kamerad, die Zeiten sind schwer,
Das Schwert ist nicht bei der Wage mehr;
Aber so mag mir's keiner verdenken,
Daß ich mich lieber zum Schwert will lenken.
Kann ich im Krieg mich doch menschlich fassen,

Aber nicht auf mir trommeln lassen.

**Erster Arkebusier.**

Wer ist dran schuld, als wir Soldaten,
Daß der Nährstand in Schimpf geraten?
Der leidige Krieg und die Not und Plag'
In die sechzehn Jahr' schon währen mag.

**Erster Kürassier.**

Bruder, den lieben Gott da droben,
Es können ihn alle zugleich nicht loben.
Einer will die Sonn', die den andern beschwert;
Dieser will's trocken, was jener feucht begehrt.
Wo du nur die Not siehst und die Plag',
Da scheint mir des Lebens heller Tag.
Geht's auf Kosten des Bürgers und Bauern,
Nun, wahrhaftig, sie werden mich dauern;
Aber ich kann's nicht ändern – seht,
's ist hier just, wie's beim Einhau'n geht:
Die Pferde schnauben und setzen an,
Liege, wer will, mitten in der Bahn,
Sei's mein Bruder, mein leiblicher Sohn,
Zerriss' mir die Seele sein Jammerton,
Über seinen Leib weg muß ich jagen,
Kann ihn nicht sachte beiseite tragen.

**Erster Jäger.**

Ei, wer wird nach dem andern fragen!

**Erster Kürassier.**

Und weil sich's nun einmal so gemacht,

Daß das Glück dem Soldaten lacht,

Laßt's uns mit beiden Händen fassen,

Lang werden sie's uns nicht so treiben lassen.

Der Friede wird kommen über Nacht,

Der dem Wesen ein Ende macht;

Der Soldat zäumt ab, der Bauer spannt ein,

Eh man's denkt, wird's wieder das alte sein.

Jetzt sind wir noch beisammen im Land,

Wir haben's Heft noch in der Hand.

Lassen wir uns auseinander sprengen,

Werden sie uns den Brotkorb höher hängen.

**Erster Jäger.**

Nein, das darf nimmermehr geschehn!

Kommt, laßt uns alle für einen stehn!

**Zweiter Jäger.**

Ja, laßt uns Abrede nehmen, hört!

**Erster Arkebusier** (ein ledernes Beutelchen ziehend, zur Marketenderin).

Gevatterin, was hab' ich verzehrt?

**Marketenderin.**

Ach, es ist nicht der Rede wert! (Sie rechnen.)

**Trompeter.**

Ihr tut wohl, daß ihr weiter geht,

Verderbt uns doch nur die Sozietät.

(Arkebusiere gehen ab.)

**Erster Kürassier.**

Schad' um die Leut! Sind sonst wackre Brüder.

**Erster Jäger.**

Aber das denkt wie ein Seifensieder.

**Zweiter Jäger.**

Jetzt sind wir unter uns, laßt hören,
Wie wir den neuen Anschlag stören.

**Trompeter.**

Was? wir gehen eben nicht hin.

**Erster Kürassier.**

Nichts, ihr Herrn, gegen die Disziplin!
Jeder geht jetzt zu seinem Korps,
Trägt's den Kameraden vernünftig vor,
Daß sie's begreifen und einsehn lernen:
Wir dürfen uns nicht so weit entfernen.
Für meine Wallonen sag' ich gut.
So, wie ich, jeder denken tut.

**Wachtmeister.**

Terzkas Regimenter zu Roß und Fuß
Stimmen alle in diesen Schluß.

**Zweiter Kürassier** (stellt sich zum ersten).

Der Lombard sich nicht vom Wallonen trennt.

**Erster Jäger.**

Freiheit ist Jägers Element.

**Zweiter Jäger.**

Freiheit ist bei der Macht allein:
Ich leb' und sterb' bei dem Wallenstein.

**Erster Scharfschütz.**

Der Lothringer geht mit der großen Flut,
Wo der leichte Sinn ist und lustiger Mut.

**Dragoner.**

Der Irländer folgt des Glückes Stern.

**Zweiter Scharfschütz.**

Der Tiroler dient nur dem Landesherrn.

**Erster Kürassier.**

Also laßt jedes Regiment
Ein Promemoria reinlich schreiben:
Daß wir zusammen wollen bleiben,
Daß uns keine Gewalt noch List
Von dem Friedländer weg soll treiben,
Der ein Soldatenvater ist.
Das reicht man in tiefer Devotion
Dem Piccolomini – ich meine den Sohn –
Der versteht sich auf solche Sachen,
Kann bei dem Friedländer alles machen,
Hat auch einen großen Stein im Bret
Bei des Kaisers und Königs Majestät.

**Zweiter Jäger.**

Kommt! Dabei bleibt's! Schlagt alle ein!
Piccolomini soll unser Sprecher sein.

**Trompeter. Dragoner. Erster Jäger. Zweiter Kürassier. Scharfschützen** (zugleich).

Piccolomini soll unser Sprecher sein. (Wollen fort.)

**Wachtmeister.**

Erst noch ein Gläschen, Kameraden! (Trinkt.)
Des Piccolomini hohe Gnaden!

**Marketenderin** (bringt eine Flasche).

Das kommt nicht aufs Kerbholz. Ich geb' es gern.
Gute Verrichtung, meine Herrn!

**Kürassiere.**

Der Wehrstand soll leben!

**Beide Jäger.**

Der Nährstand soll geben!

**Dragoner** und **Scharfschützen.**

Die Armee soll florieren!

**Trompeter** und **Wachtmeister.**

Und der Friedländer soll sie regieren!

**Zweiter Kürassier** (singt).

Wohl auf, Kameraden, aufs Pferd, aufs Pferd!
Ins Feld, in die Freiheit gezogen.
Im Felde, da ist der Mann noch was wert,
Da wird das Herz noch gewogen.
Da tritt kein anderer für ihn ein,
Auf sich selber steht er da ganz allein.

(Die Soldaten aus dem Hintergrunde haben sich während des Gesangs
herbeigezogen und machen den Chor.)

**Chor.**

Da tritt kein anderer für ihn ein,
Auf sich selber steht er da ganz allein.

**Dragoner.**

Aus der Welt die Freiheit verschwunden ist,
Man sieht nur Herren und Knechte;
Die Falschheit herrschet, die Hinterlist
Bei dem feigen Menschengeschlechte.
Der dem Tod ins Angesicht schauen kann,
Der Soldat allein ist der freie Mann.

**Chor.**

Der dem Tod ins Angesicht schauen kann,
Der Soldat allein ist der freie Mann.

**Erster Jäger.**

Des Lebens Ängsten, er wirft sie weg,
Hat nicht mehr zu fürchten, zu sorgen;
Er reitet dem Schicksal entgegen keck;
Trifft's heute nicht, trifft es doch morgen.
Und trifft es morgen, so lasset uns heut
Noch schlürfen die Neige der köstlichen Zeit.

**Chor.**

Und trifft es morgen, so lasset uns heut
Noch schlürfen die Neige der köstlichen Zeit.

(Die Gläser sind aufs neue gefüllt worden, sie stoßen an und trinken.)

**Wachtmeister.**

Von dem Himmel fällt ihm sein lustig Los,
Braucht's nicht mit Müh' zu erstreben;
Der Fröner, der sucht in der Erde Schoß,
Da meint er den Schatz zu erheben.
Er gräbt und schaufelt, so lang er lebt,
Und gräbt, bis er endlich sein Grab sich gräbt.

**Chor.**

Er gräbt und schaufelt, so lang er lebt,
Und gräbt, bis er endlich sein Grab sich gräbt.

**Erster Jäger.**

Der Reiter und sein geschwindes Roß,
Sie sind gefürchtete Gäste;
Es flimmern die Lampen im Hochzeitschloß,
Ungeladen kommt er zum Feste.
Er wirbt nicht lange, er zeiget nicht Gold,
Im Sturm erringt er den Minnesold.

**Chor.**

Er wirbt nicht lange, er zeiget nicht Gold,
Im Sturm erringt er den Minnesold.

**Zweiter Kürassier.**

Warum weint die Dirn und zergrämet sich schier?
Laß fahren dahin, laß fahren!
Er hat auf Erden kein bleibend Quartier,
Kann treue Lieb nicht bewahren.
Das rasche Schicksal, es treibt ihn fort,

Seine Ruhe läßt er an keinem Ort.

**Chor.**

Das rasche Schicksal, es treibt ihn fort,

Seine Ruhe läßt er an keinem Ort.

**Erster Jäger** (faßt die zwei Nächsten an der Hand; die übrigen ahmen es nach, alle, welche gesprochen, bilden einen großen Halbkreis).

Drum frisch, Kameraden, den Rappen gezäumt,

Die Brust im Gefechte gelüftet!

Die Jugend brauset, das Leben schäumt,

Frisch auf! eh der Geist noch verdüftet.

Und setzet ihr nicht das Leben ein,

Nie wird euch das Leben gewonnen sein.

**Chor.**

Und setzet ihr nicht das Leben ein,

Nie wird euch das Leben gewonnen sein(1).

(Der Vorhang fällt, ehe der Chor ganz ausgesungen.)


(1) In einer Separatausgabe des Reiterlieds aus dem Jahre 1807 und im Taschenbuch für Damen findet sich noch folgende weitere, unzweifelhaft von Schiller herrührende Strophe:

Auf des Degens Spitze die Welt jetzt liegt,

Drum froh, wer den Degen jetzt führet,

Und bleibt nur wacker zusammengefügt,

Ihr zwingt das Glück und regieret.

Es sitzt keine Krone so fest, so hoch,

Der mutige Springer erreicht sie doch.

**Chor.**

Es sitzt keine Krone so fest, so hoch,
Der mutige Springer erreicht sie doch.